AF327854

PETITE
NOTICE HISTORIQUE

DÉDIÉE

A MARIE-AMÉLIE,

REINE DES FRANÇAIS,

A l'occasion de la Fête du Roi et du Baptême du Comte de Paris.

1er Mai 1841.

PARIS,

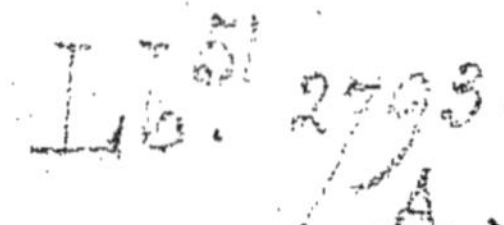

Imprimerie de STAHL, 33, quai Napoléon.

PETITE

NOTICE HISTORIQUE

DÉDIÉE

A MARIE-AMÉLIE,

REINE DES FRANÇAIS,

A l'occasion de la Fête du Roi et du Baptême du Comte de Paris,

On ne saurait nier que les goûts personnels des Souverains n'influent puissamment sur les goûts, les plaisirs, les habitudes, l'industrie, les travaux et le commerce des nations.

Sous un Prince jeune, léger, voluptueux, dominé par les passions, la Cour se montrera folâtre, sans retenue, comme sans moralité, et le peuple imitera, quoique de loin, l'exemple des grands seigneurs.

Qu'un Napoléon s'empare des rênes de l'État, soudain les masses, ne respirant que la guerre, s'élanceront tumultueusement aux armes ; on cessera de forger des socs de charrue, des bêches, des hoyaux, pour fabriquer des casques, des cuirasses, des épées et des lances ; la seule harmonie qui flattera les oreilles sera le bruit du canon, le son rauque de la trompette ou celui de l'insipide tambour.

Que Louis XVIII revienne en France, que Charles X continue le règne de son frère, une apathie morbide succédera au tumulte des camps ; les nobles et les prêtres deviendront les arbitres souverains des destinées des peuples : Ceux-là, fiers de leurs aïeux, se regardant eux-mêmes comme de petits rois, voudront seuls entourer le monarque, l'accompagner dans ses excursions, partager ses plaisirs, le dominer dans ses conseils et le soumettre à leurs préjugés ; ceux-ci, plus exigeants, plus impérieux encore, diront au Prince que son pouvoir vient du Dieu dont ils sont les ministres, et qu'ils ont mission de le sacrer comme de le précipiter du trône, après l'avoir excommunié.

Mais qu'un homme dont les courtisans n'ont pas salué le berceau, dont l'enfance a été initiée aux mystères de la science, dont la jeunesse a lutté contre l'adversité, dont l'épée n'a jamais été tirée que pour la gloire de la patrie, dont les pas se sont longtemps soutenus sur un bâton de voyageur ; qu'un bon époux, qu'un tendre père, qu'un Prince-Citoyen monte un jour, après un orage politique, sur un trône dont auparavant il n'occupait qu'une seule marche, que la volonté commune place sur sa tête une couronne sans maître ; dans ses mains un sceptre à l'abri duquel les bons citoyens puissent vivre en sécurité, et qui fasse trembler les méchants, tout le pays soumis au nouveau Roi prendra une face nouvelle : la noblesse se maintiendra dans de justes limites, les prêtres n'aspireront plus à placer l'autel sur le trône ; les savants s'efforceront de mériter les suffrages du Monarque éclairé ; le peuple prendra de lui des habitudes d'ordre et de famille ; les arts fleuriront, l'industrie enfantera des merveilles, le commerce prospérera et une voix unanime, chantant les louanges du Prince, demandera pour lui au ciel le pouvoir d'accomplir ses bonnes intentions, la santé qui donne la force et de longues années d'existence. La digne compagne de sa vie ne sera point oubliée non plus dans les prières de la multitude et leurs enfants, les enfants de leurs enfants se présenteront à tous comme des gages de paix, de gloire et de félicité futures.

Cependant des mécontents (il en existe toujours!) feront entendre d'anarchiques clameurs : semblables aux vautours qui ne vivent que de carnage, ils chercheront à troubler cette tranquillité bienfaisante, ce calme qui les effraie, cet ordre qui tue leurs projets ambitieux. Alors les amis de la paix se rallieront et la rebellion sera étouffée. Quelques sicaires, désavoués de tous, apparaîtront de loin en loin ; leur bras criminel s'armera de la foudre ; mais le Dieu tutélaire de la France détournera, cinq fois, le coup infernal qui effleurera Louis-Philippe sans le faire trembler, et le peuple criera : *Vive le Roi!*

Oui, qu'il vive le roi dont nous célébrons tous la fête aujourd'hui ! qu'il vive longtemps! soit pour ajouter les lauriers d'Anvers, d'Oran, de Bougie, de Constantine et d'Ulloa aux anciens trophées français, soit pour donner à la France et à sa capitale une face toute nouvelle !

En effet, l'étranger qui visitait Paris, il y a dix ans, pourrait-il ne point s'étonner en le revoyant aujourd'hui? Ne se croirait-il pas au temps des métamorphoses ?

A l'ouest, l'Arc triomphal de l'Étoile élève maintenant avec orgueil une tête chargée de trophées pour dire au monde nos anciennes victoires ; les hautes colonnes de la Madelaine portent des chapitaux et des frontons taillés sur l'antique Parthénon d'Athènes ; presque en face, sur l'autre rive de la Seine, un palais Byzantin a remplacé ces noires murailles que nous avions vues, pendant vingt ans, hérissées de hideux échaffaudages. Entre le temple et le palais, sur un terrain jadis isolé, brûlé par le soleil d'été ou assiégé par les bourrasques du nord, continuellement souillé de poussière et de boue, et toujours dangereux aux piétons qui devaient la traverser, s'élève maintenant un gracieux obélisque, revêtu d'hiéroglyphes magiques que les Égyptiens lisaient, avec vénération, il y a 4,000 ans, à la porte du temple de Luxor. Vingt colonnes rostrales lampadaires, coupées à mi-hauteur par des proues de navires dorées, et cent candelabres élégants illuminent, le soir, l'admirable pierre ; deux fontaines dédiées, l'une aux Mers, l'autre aux Fleuves, et abritant sous leurs larges vasques, également dorées, Neptune, Thétis, l'Océan, la Méditerrannée, la Navigation et le Commerce, avec des Tritons et des Néréïdes en avant, jaillissent à ses côtés, et les huit principales villes de la France, Lyon, Marseille, Bordeaux, Rouen, Nantes, Strasbourg, Lille et Brest, représentées monumentalement en marbre, semblent le prendre sous leur protection : c'est l'art moderne rendant hommage à l'antiquité !

Que d'embellissements ajoutés aux Tuileries ! Que de verdure nouvelle ! Que de beaux vases ! Que de belles statues ! D'un côté, s'offre Périclès donnant aux sciences et aux arts cette magique impulsion qui fit d'Athènes la maîtresse du monde ; Thémistocle, vainqueur à Salamines ; Aristide, écrivant lui-même son nom sur le bulletin qui le condamnait à l'exil ; un jeune Spartiate mortellement blessé aux Thermopyles et présentant aux Dieux la palme de sa victoire. De l'autre côté, on admire Cincinnatus déposant le bandeau royal pour retourner à sa glorieuse charrue ; Caton, vaincu à Pharsale, se voilant la tête de son manteau et se donnant la mort pour ne pas survivre à sa défaite ; Phidias imprimant au marbre la majesté de Jupiter et la beauté de Vénus ; Spartacus brisant ses fers d'esclave ou le Laboureur découvrant avec le soc les vieux débris des légions romaines : des ossements, des casques, des glaives rongés de rouille...

Plus loin, Notre-Dame-de-Lorette a ouvert aux habitants de la Chaussée-d'Antin un sanctuaire resplendissant d'or et de peintures Raphaëliques.

Si nos yeux remontent la Seine, d'autres merveilles les fixent aussitôt : Ici des quais immenses, grandioses, superbes, sont venus emprisonner le fleuve dans des limites infranchissables ; là, des ponts aériens se sont édifiés pour offrir un passage commode à la circulation ; les rives se sont parées de jeunes arbres sous lesquels, un jour, les habitants de ces divers quartiers pourront, à la porte même de leur domicile, respirer la fraîcheur du matin et la brise du soir. Si nous pénétrons dans le merveilleux jardin que les Buffon, les Jussieu et les Cuvier ont enrichi de leur vaste science, nous y voyons de grands travaux accomplis : de belles galeries ont été construites pour présenter aux hommes avides de s'instruire des échantillons de tout ce que la terre contient dans ses entrailles. C'est le diamant, l'or, l'argent, le cuivre, le fer, l'étain, le plomb, à leur état primitif ! Ce sont les marbres, les granits, les silex, les cristaux non encore façonnés par l'art. Le lion de l'Atlas, le tigre du Brésil, le chacal de l'Inde, l'ours d'Amérique se promènent maintenant dans une loge commode et sainement aërée ; la giraffe, les éléphants, le bison, les dromadaires ont leur enceinte particulière ; les cerfs, les daims, les chevreuils, les gazelles bondissent sur des tapis verdoyants ; les singes jouent et folâtrent dans une immense volière ; l'aigle, le vautour, le gypaëte, le condor montrent l'envergure de leurs ailes aux curieux qui les entourent ; deux palais de cristal renferment les beaux arbres qui paraient les bords du Mississipi, de l'Ohio et du Gange, et cependant d'innombrables matériaux accumulés çà et là dans le jardin annoncent que d'importants travaux vont s'opérer encore, et que bientôt même on y fera, comme à Grenelle, monter du sein de la terre les flots de cette nappe d'eau qui bout, à mille mètres de profondeur, sous le bassin de Paris.

L'Hôtel-de-Ville, trop petit pour la moderne Babylone, s'est agrandi en palais où désormais tout le service administratif sera concentré, et où, dans des salons immenses, nos fêtes nationales pourront être célébrées avec une magnificence tout-à-fait orientale.

Le palais du Luxembourg a élargi également son enceinte trop exigüe pour les Pairs de France ; celui des Députés s'est orné d'un fronton en harmonie avec son objet, et vingt rues nouvelles ont été percées à travers de vieilles mâsures entassées les unes sur les autres et que le marteau industriel a démolies comme un foyer repoussant de maladies et de corruption. Toutes les Églises de la Capitale, notamment Saint-Germain-l'Auxerrois, sur la tête duquel un ouragan populaire avait grondé, ont été soigneusement réparées ; la Chapelle sainte de Louis IX va l'être bientôt, et, dans la Cité, Notre-Dame, dégagée de ses ignobles alentours, frappe présentement nos regards de toute sa magnificence, comme pour nous prouver que jadis nos pères savaient consacrer à Dieu des temples dignes de lui.

Jusqu'ici les Empereurs, les Rois et les Princes de la terre avaient eu, seuls, des palais à leur disposition : les Artistes en ont un maintenant dans la rue des Petits-Augustins, et les connaisseurs y admirent le Portique du Château de Gaillon, érigé par le Cardinal d'Amboise, la jolie Tourelle de l'hôtel de la Trémoille et cette façade de l'ancien Château d'Anet, où les chiffres de Henri II et de Diane de Poitiers s'entrelacent avec tant de grâce et d'amour.

Nous avions déjà les Musées français, espagnol, égyptien, étrusque, de la marine, etc., un Musée d'Antiquités romaines va être créé incessamment, et sous les voûtes mêmes du palais où Julien, quittant Rome pour les Gaules, venait se reposer avec délices des soucis de l'Empire.

L'École des jeunes Aveugles, ainsi que celle des Sourds-Muets, ont reçu dernièrement, en outre, tous les développements que réclamaient la santé, l'instruction et le malheur des pauvres enfants élevés dans leur enceinte hospitalière.

Une grille noble et pudique est venue cerner le Panthéon enfin terminé ; des égoûts, sagement établis, sillonnent maintenant le sol caché de la ville ; des trottoirs offrent aux piétons une marche sûre et facile ; des bâteaux à vapeur nous portent sur tous les fleuves, et des chemins de fer permettront incessamment de de voler, avec la rapidité de l'éclair, du Nord au Midi et de l'Est au Couchant.

Un héroïque évènement s'était accompli en 1830 : cinq cent quinze citoyens étaient morts en combattant pour la liberté, et dormaient, sans honneurs, dispersés çà et là dans Paris. La Patrie ne pouvait pas montrer tant d'indifférence pour ses enfants ; elle a pompeusement recueilli leurs restes, et leur a élevé une Colonne monumentale sur laquelle elle a buriné les noms des victimes.

Depuis vingt ans, un magnifique Empereur qui avait couvert la France de gloire demeurait de même ignoblement enseveli sous un lointain rocher perdu dans l'Océan ; le Roi a dit à Joinville : Allez, mon fils, chercher les restes de l'Empereur Napoléon ! Joinville est parti, il a ramené le héros, et maintenant il repose sur les bords de la Seine, dans ce temple de la guerre dont il semble encore le Dieu vivant

Sous la restauration, on consacrait 500,000 francs à l'amélioration de la race des chevaux, et 150,000 francs à l'éducation des enfants du peuple. Aujourd'hui deux millions sont destinés à l'instruction primaire, et tous les villages possèdent une École où l'on apprend à aimer Dieu, le Roi, la Patrie, et où l'on acquiert les connaissances indispensables au citoyen d'un véritable État constitutionnel.

A quelques lieues de la Capitale, un vaste palais, celui de Louis XIV, tombait en ruines depuis longtemps ; à la voix de Louis-Philippe, les ruines se sont relevées ; les galeries se sont décorées des tableaux de notre histoire ; les jardins ont recouvré leur magique parure ; les eaux, si longtemps captives, ont jailli dans les airs, et Versailles, en reconquérant son ancien éclat, a recouvré la vie et l'admiration des étrangers. Dirai-je les merveilles de Fontainebleau que la volonté royale a également ressuscité? Ma plume est trop humble pour de semblables descriptions.

Un autre château bâti sur la crête des montagnes du Béarn, éprouve également, depuis une couple de siècles, les ravages du temps; chaque jour une pierre tombe des vieilles tourelles et des murailles lézardées ; le Roi a parlé, et le castel où Henri IV a reçu la vie, où Jeanne d'Albret a soigné si maternellement son enfance, cessera bientôt d'inspirer aux Béarnais toute espèce d'inquiétude pour sa précieuse conservation.

Nous venons de parler de Louis-Philippe dans la pensée d'être agréable à la Reine ; maintenant parlons de la Reine pour plaire, non pas au Roi, mais à tous les Français :

En 1832, jusqu'à la promulgation des lois de septembre, quand les passions politiques étaient déchaînées, quand la révolte, mugissant dans la rue, menaçait fréquemment de renverser le trône de juillet ; alors que ses cris effrayants inquiétaient le commerce et suspendaient les travaux, quand les armes retentissaient dans ses mains, quand l'insulte était dans sa bouche, une seule personne pourtant lui commandait le respect; ses injures n'osèrent pas s'adresser à cette noble Dame ; la plume et les crayons la vénérèrent, c'était la Reine !

Quel hommage rendu à la vertu ! à la piété véritable, à la bienfaisance, au modèle des épouses, des mères, des femmes !

Que serait-ce donc si Amélie était encore mieux

connue? Si tous ceux qu'elle a secourus pouvaient faire entendre ensemble leurs concerts de bénédictions? Que d'orphelins dont elle a été la mère! Que de vieillards dont elle a été la fille! Que de femmes dont elle a été la sœur! Que de vierges dont elle a doté la vertu! Que d'hommes accablés par un sort de fer dont elle a été la providence!

Suivant les principes évangéliques, à ceux qui avaient faim, elle a donné à manger; elle a donné à boire à ceux qui avaient soif; ceux-ci étaient nus, elle leur a distribué des vêtements; une paille froide, rare et fétide servait de lit à des milliers de malades, ils ont vu soudain arriver dans leurs greniers les émissaires de la Reine, et ils en ont reçu du bois, du linge, des matelats et des couvertures.

Ah! quelle vie de sainte vaudra jamais celle d'Amélie? A genoux, le matin, dans son oratoire, elle offre à Dieu ses premières pensées et lui demande la santé de sa famille, le bonheur de la France, le pouvoir de tarir toutes les larmes et de verser du baume sur toutes les plaies; puis s'asseyant avec ses augustes filles autour d'une table ronde que les visiteurs des Tuileries ne contemplent qu'avec un saint respect, elle s'occupe, ainsi qu'une simple bourgeoise, à tailler des layettes et de petits trousseaux que les princesses achèvent ensuite en piquant leurs jolis doigts sans crainte de les rendre moins habiles à tenir tour-à-tour la plume, les pinceaux, le ciseau du sculpteur; à courir harmonieusement sur les touches d'un piano ou à pincer une harpe sonore. Cachons-nous un instant sous cette table pour entendre parler la Reine! Elle ne félicite point ses enfants de leur élévation, elle leur vante des biens plus vrais, plus touchants, plus durables ; elle ne leur trace point de préceptes de vertu ; elle agit, et toutes ses actions sont la vertu mise en pratique. Les lettres arrivent, soudain Amélie en prend connaissance : Celle-ci contient la prière d'une pauvre mère qui demande des vêtements pour le nouveau-né qu'elle presse avec tant d'amour contre son cœur. Une heure après la prière est exaucée. Une autre lettre.... Mais taisons-nous sur cette correspondance que la Reine elle-même se plaît à entourer du plus profond mystère.

Dans cette pièce de prédilection, ou plutôt dans ce sanctuaire journellement fréquenté par Mme Adélaïde qui vient mêler ses affections, ses conseils et ses bienfaits à ceux de la famille, deux siéges sont restés long-temps vacants : L'un, maintenant occupé par la belle Duchesse d'Orléans, était celui de cette jeune femme qui porte maintenant avec tant de dignité la couronne de Belgique ; l'autre, sur lequel la gracieuse Duchesse de Nemours est venue s'asseoir, l'an dernier, près de Clémentine, était celui de Marie, de cette angélique Princesse qui ressuscita Jeanne d'Arc et Bayard..., et qui fut jugée, à 25 ans, avoir assez vécu pour mériter le ciel....

Oh ! qu'il faut de religion pour se consoler d'une pareille perte !

Un ancien Empereur romain se plaignait d'avoir été un jour de sa vie sans accorder un bienfait. Amélie n'aura pas même une seule minute de son existence perdue pour le malheur. Elle a fait plus que Titus, elle s'est ingéniée pour être utile. Bonne, simple dans ses goûts, dans ses habitudes, dans sa parure, elle est devenue élégante, et pour ainsi dire coquette, afin d'animer l'industrie. Différentes branches de commerce étaient depuis longtemps tombées en souffrance, même perdues, elles les a relevées. A Saint-Roch, au spectacle, dans ses promenades, dans la pompe des fêtes nationales, au mariage de ses enfants, dans les bals, dans les concerts des Tuileries, on l'a vue tour-à-tour porter sur une robe de velours ou de soie ces beaux schals que l'Inde même envie à nos fabriques, ou ces jolis mantelets de soie de toutes couleurs, garnis de dentelles noires, qui par la suite sont devenus la parure de nos dames et ont donné au commerce de la seconde ville du royaume une impulsion vitale. Les étoffes, les dentelles, les velours, les rubans, les plumes, les fleurs, choisis, adoptés par les augustes Princesses, relevés par leurs charmes, ont également fixé la mode, et si la broderie en or, en soie, en laine, au métier, au passé, au crochet, au plumetis, si ces jours gracieux, plus solides que la dentelle, qui garnissent maintenant les robes, les mouchoirs, les fichus, les cols de nos élégantes, sont redevenus en honneur ; si la navette, longtemps négligée, oisive, court maintenant à travers des milliers de trames diverses ; si elle forme ces jolis gants à filets dont le tissu léger, loin d'échauffer une petite main potelée, en relève encore la blancheur, c'est grâce à la Reine qui a songé à la masse d'ouvriers et surtout d'ouvrières, que ces colifichets alimentent.

La même pensée qui a inspiré Amélie pour sa toilette, l'a inspirée pour ses appartements où de beaux vases, de magnifiques candelabres et de superbes tapisseries étalent leurs brillantes couleurs et la pureté de leurs dessins gothiques.

Mais cette Notice, offerte à la Reine au moment où la France célèbre avec ivresse la Fête du Roi et le Baptême du Comte de Paris, est déjà bien longue. Ah ! qu'elle le serait davantage si chacune des vertus de cette noble Dame s'y trouvait consignée, si sa belle âme y était peinte à nu. On s'étonnerait de tant de piété, de tant d'amour, de tant de charité ! Néanmoins craignons de faire rougir Amélie !

Dans un temps orageux, nous avons pris part à ses terribles angoisses d'épouse et de mère ; nous avons vu avec douleur des épines hérisser sa couronne, aujourd'hui elle brille du plus vif éclat. La Reine est contente : deux Brus dignes d'elle l'entourent de soins affectueux ; sa famille, déjà si nombreuse et si chère à son cœur, s'est augmentée de plusieurs petits-fils ; l'un d'eux va être aujourd'hui marqué du sceau de la foi. Qu'il soit heureux ce premier-né d'une branche nouvelle ! Qu'il marche fièrement sur les traces de son grand-père et de son père ! Qu'il se forme à leur école ! et qu'un siècle entier s'écoule entre sa naissance et son règne !

Encore cinquante ans pour le ROI ! cinquante ans pour le PRINCE ROYAL ! et pour les d'ORLÉANS, toujours !

Ex-Professeur de l'Université.

BIBLIOTHEQUE ROYALE
I

9 782011 782472